Laura Blücher

Weihnachtsbasteln mit Bechern, Dosen & Co.

CREATIV COMPACT

CHRISTOPHORUS

Inhalt

Bald ist Weihnachten!

Draußen wird es immer kälter und wir bereiten unser Heim gemütlich für die Weihnachts- und Winterzeit vor. Es macht der ganzen Familie viel Freude, die Fenster zu dekorieren, die Wohnung weihnachtlich zu schmücken und kleine Geschenke für liebe Menschen zu basteln. Plätzchen werden gebacken und das ganze Haus duftet wunderbar nach Gebäck.

In diesem Buch finden Sie viele Bastel-Ideen, die aus preisgünstigen Papieren und Recyclingmaterial hergestellt werden. Viele diese Materialien haben Sie sicher schon im Haushalt und so können Sie und Ihre Kinder einfach loslegen. Beim Schneiden, Ausprickeln, Reißen, Kleben und Malen können schon die kleinsten Bastler fleißig mithelfen. Ich wünsche Ihnen viel Freude und gutes Gelingen beim Basteln und ein ruhiges, besinnliches Weihnachtsfest!

Ihre

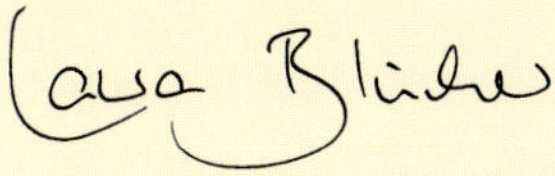

Hinweise & Tipps

Recyclingmaterial

Jogurtbecher und Trinkjogurtflaschen, Flaschen von Shampoo oder Duschmitteln, Getränkekartons, Filmdosen, Margarine- und Quarkbecher, Dosen, Woll- und Stoffreste

Bastelpapiere

Tonkarton (220 g/qm) und Tonpapier (130 g/qm), Seidenpapier

Farben

Die Farben spielen eine wichtige Rolle, erst wenn die Bastelarbeiten bunt sind, erhalten Sie ihren „Pfiff".

Deckfarben im Farbkasten, auch Wasserfarben genannt, haften auf allen saugenden Untergründen wie Papier, Pappe, Karton, Gewebe. Sie werden mit Wasser angelöst und mit einem Pinsel aufgetragen.

Fingermalfarben sind cremeartige Farben zum Malen mit Fingern oder Pinsel auf Papier, Folie oder Fensterscheiben. Verwenden Sie Farben, die der europäischen DIN EN 71 entsprechen, z. B. Hobby Line Mucki Fingerfarben, ihre Inhaltsstoffe sind auf Eignung und Unbedenklichkeit hin untersucht.

Acrylfarben auf Wasserbasis, z. B. Hobby Line Acrylfarben, eignen sich für viele Untergründe wie Holz, Papier, Stein, Glas, Ton, Keramik, Kunststoff. Sie werden mit einem Pinsel aufgetragen.

Pinsel

Zum Bemalen größerer Flächen empfiehlt es sich, einen Borstenpinsel zu verwenden, zum Malen feiner Linien ist eher ein Haarpinsel geeignet. Alle Pinsel nach Gebrauch auswaschen und nie im Wasserglas stehen lassen.

Klebstoff

Flüssigklebstoff, z. B. UHU flinke flasche, UHU Bastelkleber; Klebestift UHU stic; Niedertemperatur-Klebepistole UHU pistole LT 110, die mit einer wesentlich geringeren Temperatur als eine Heißklebepistole arbeitet und unter Aufsicht auch von Kindern verwendet werden kann.

Weitere Hilfsmittel

Bleistift, Schere, Cutter (nur für Erwachsene), Bürolocher, Transparentpapier (Architektenpapier), dünner Karton, wasserfester Filzstift in Schwarz, Lackstift in Weiß, Pinsel

Vorlagen übertragen

Transparentpapier auf den Vorlagebogen legen und das Motiv nachzeichnen. Das Papier mit Klebestift flächig auf dünnen Karton kleben und ausschneiden. Diese Kartonschablone auf das Werkmaterial legen und ihre Umrisse mit Bleistift nachzeichnen. Die Linien ausschneiden.

Baumschmuck

Abbildung & Materialangaben Seite 6/7

1 Nach den Vorlagen Kartonschablonen der Motive herstellen (siehe Seite 4). Die Umrisse von Kerze, Strumpf und Weihnachtsmann auf Pappe zeichnen, die Tanne auf grünen Tonkarton übertragen. Alle Formen ausschneiden.

2 Für die ***Tanne*** ca. 4 cm lange Wollstücke zuschneiden und diese der Abbildung entsprechend in Abständen nebeneinander auf die Tanne kleben. Kleine Stücke Seidenpapier knüllen. Den Weihnachtsbaum mit Seidenpapierkugeln und gestanzten Sternchen schmücken.

3 Die Rechtecke für die ***Kerze*** und den ***Weihnachtsmann*** mit Bastelkleber bestreichen und fest mit Wolle umwickeln. Die Fadenenden an der Rückseite ankleben und mit andersfarbiger Wolle weiterarbeiten.

4 Die Kerzenflamme aus gelbem Tonkarton schneiden, mit Filzstiften bemalen und an die Kerzenrückseite kleben.

5 Die Mütze des Weihnachtsmanns aus rotem Tonkarton schneiden, spiralförmig mit Wolle bekleben und an die Figurenrückseite kleben. Das Gesicht gestalten: Stanzpunkte als Augen und Nase anbringen. Den Mund aufmalen. Für die Wangen mit einer Schere vom roten Buntstift Farbpartikel abschaben und mit dem Finger aufreiben. Den Kopf auf den Körper kleben. Weiße Wolle um Kopf und Mütze wickeln.

6 Beim ***Strumpf*** eine Spitze aus orangefarbenem Tonkarton aufkleben und bemalen. Die Wolle am Strumpfbund eng und dann mit Abständen aufwickeln. Die Zwischenräume mit aufgemalten Mustern verzieren.

7 Alle Motive mit gestanzten Sternchen verzieren und eine Aufhängeschlaufe an der Rückseite befestigen.

Tipp

Lichtpunkte setzen

Die Augen der Figuren wirken lebendiger, wenn sie kleine Glanzpunkte haben. Diese Lichtpunkte mit einem Lackstift in Weiß auftragen.

Baumschmuck

Material

- Tonkarton in Grün, Reste in Gelb, Hautfarbe, Orange, Rot, Schwarz
- Graupappe, z. B. Malblockrückseite
- Tonpapier in Gelb
- Seidenpapier in Rot
- Wollreste, z. B. in Weiß, Rot, Bordeaux, Pink, Orange, Violett, Grün
- Motivlocher „Stern“
- Bürolocher
- Lackstift in Weiß
- Filzstifte in Rot, Braun
- Buntstift in Rot

Anleitung Seite 5

Vorlage A

Eisbären

Material

- Graupappe, z. B. Malblockrückseite
- Wolle in Weiß, Hellblau
- Tonkarton in Weiß, Rot
- Filzstift in Schwarz
- Buntstift in Rot
- Sticknadel ohne Spitze

Vorlage B

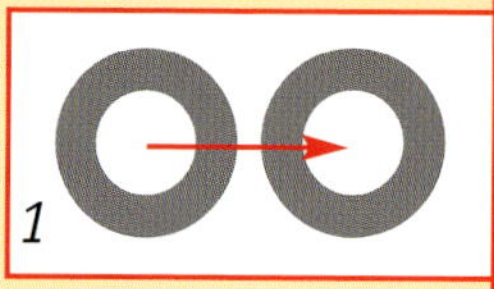

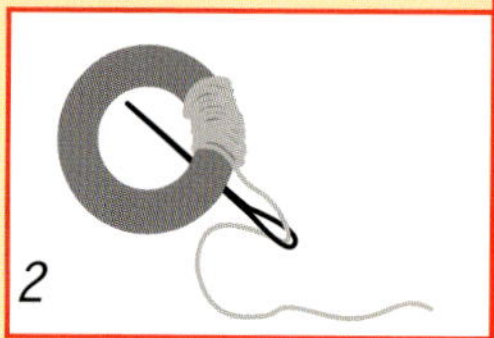

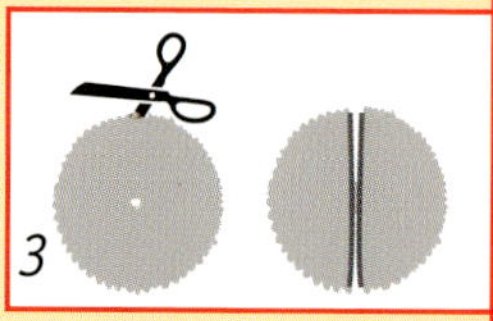

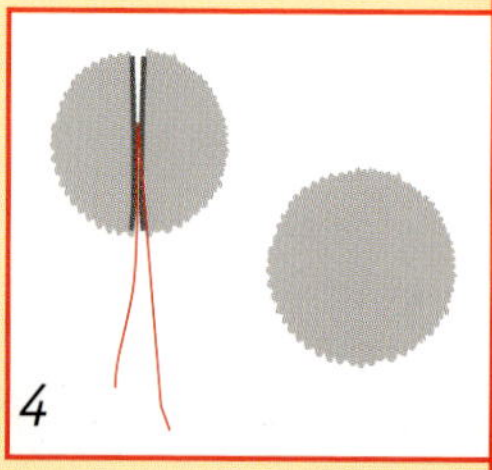

1 Die Kreise von der Vorlage zweimal auf Pappe übertragen und ausschneiden. Die Ringe übereinander legen und die Wolle festknoten.

2 Die Wolle mit der Sticknadel um den Pappring wickeln, immer durch die Mitte und über den Rand. Die Wolle so lange um den Ring wickeln, bis die Pappe ganz bedeckt ist und die Nadel sich nicht mehr durch das Loch in der Mitte stechen lässt.

3 Eine Schere zwischen die Pappscheiben schieben und die Wolle ringsherum durchschneiden, dabei die Wolle in der Mitte gut festhalten.

4 Die Pappringe auseinander klappen, einen Wollfaden um die Mitte des Wollbündels schlingen und verknoten, den Faden nicht abschneiden. Die Pappscheiben aufschneiden und entfernen. *Tipp:* Für einen zweifarbigen Eisbären die Wollfarbe während der Arbeit wechseln oder gleichzeitig mit zwei unterschiedlich farbigen Fäden arbeiten.

5 Die Köpfe nach der Vorlage doppelt aus weißem Tonkarton ausschneiden. Die Nase aus rotem Tonkarton schneiden und aufkleben, Augen und Schnauze aufmalen. Für die Wangen mit einer Schere vom roten Buntstift Farbpartikel abschaben und mit der Fingerkuppe aufreiben.

6 Jeweils die Kopfrückseite flächig mit Klebestift bestreichen und auf die Arbeitsfläche legen. Den Pompon unten am Eisbärenkopf anlegen und den Aufhängefaden nach oben führend auflegen. Den Faden mit Klebstoff bestreichen und den zweiten Teil des Kopfes deckungsgleich aufkleben.

Plätzchen-Elche

Material

Elche und Keksdose

- Leere Behälter, z. B. von Margarine, Cappuccino
- Tonpapierreste in Gelb
- Ton- und Bastelkartonreste
- Tonkarton in Brauntönen
- Seidenpapier in Rot, Grün, Braun
- Wolle in Rot
- Knopf, 1 cm Ø
- Motivlocher „Stern"
- Lackstift in Weiß
- Buntstift in Rot
- Filzstift in Schwarz
- Eventuell Metallglöckchen

Vorlage C

Kinder-Plätzchen

- 150 g Mehl
- 100 g Butter
- 50 g Zucker
- Bunte Zuckerstreusel
- Puderzucker

Elche und Plätzchendose

1 Für die Ummantelung der Behälter Tonkartonreste in kleine Rechtecke und Quadrate zerreißen und überlappend aufkleben. Sterne ausstanzen und aufkleben.

2 Die Elche nach der Vorlage aus Tonkarton ausschneiden. Jeweils das Geweih an die Kopfrückseite kleben.

3 Ein kleines Stück Seidenpapier knüllen und als Nase aufkleben. Für die Wangen mit einer Schere vom roten Buntstift Farbpartikel abschaben und mit der Fingerkuppe aufreiben. Augen und Mund mit schwarzem Filzstift zeichnen. Den Kopf auf den Körper kleben und diesen am Behälter fixieren. Die Hufe am Becherrand platzieren. Die Elche mit einer Wollschleife, einem Knopf, einem Sternchen usw. verzieren.

4 Rotes oder braunes Seidenpapier leicht knüllen und in die Behälter legen. Grünes Seidenpapier an den Innenrand der Dose kleben und mit einem Wollfaden zubinden.

Kinder-Plätzchen

Mehl, Zucker und Butter in eine Schüssel geben und alles mit den Händen zu einer Kugel verkneten. Den Teig ausrollen und Plätzchenformen ausstechen.
Die Plätzchen auf ein mit Backpapier ausgelegtes Backblech legen und ca. 15 Minuten bei 160° C im vorgeheizten Ofen backen. Die Plätzchen auskühlen lassen. Gesiebten Puderzucker mit heißem Wasser dick, aber glatt anrühren und die Plätzchen damit bestreichen. Zuckerstreusel aufstreuen.
Tipp: Für Schokoplätzchen 25 g Kakao in der Teig geben.

Material

- Je 1 Luftballon (Wasserbombe)
- Wolle in Gelb, Rot, Grün, Wollrest in Weiß
- Tonkarton in Weiß
- 2 Wattekugeln, 4 cm Ø
- Holzperle in Natur, 8 mm Ø
- Watte
- Filzrest in Rot
- Seidenpapierrest in Rot
- Acrylfarbe in Hautfarbe
- Pinsel
- Filzstifte in Gelb, Rot, Schwarz
- Lackstift in Weiß
- Buntstift in Rot
- Eventuell Glitterklebestift, z. B. UHU Glitter Glue
- Motivlocher „Stern"
- Angerührter Kleister
- Vaseline

Vorlage D

Engel, Niko & Kugel

Alle Motive

Die Luftballons aufblasen und mit Vaseline bestreichen. Von der gelben, roten und grünen Wolle mehrere 1 m lange Fäden abschneiden, in den Tapetenkleister tauchen und jeweils einen Luftballon so mit Wolle einer Farbe umwickeln, bis ein gleichmäßiger Ball entsteht. Es sollten zwischendrin noch freie Lücken zu sehen sein. Jeden Ball auf ein Glas stellen und über Nacht trocknen lassen. Wenn die Fäden trocken sind, den Luftballon aufstechen und herausziehen.

Engel

Die Wattekugel mit Acrylfarbe in Hautfarbe bemalen und trocknen lassen. Für die Haare mehrere 15 cm lange Stränge gelber Wolle zuschneiden, nebeneinander legen, in der Mitte mit einem Faden zusammenfassen (nicht abschneiden, sondern als Aufhängefaden verwenden) und auf die Wattekugel kleben. Die Holzperle von einem Erwachsenen mit einer Schere teilen lassen und als Nase ankleben. Augen und Mund aufmalen. Für die Wangen mit einer Schere vom roten Buntstift Farbpartikel abschaben und mit der Fingerkuppe aufreiben. Den Kopf auf dem Wollball fixieren. Den Engel mit Sternchen und einer weißen Wollschleife verzieren. Flügel aus Tonkarton gestalten und an die Rückseite kleben.

Nikolaus

Die Wattekugel mit Acrylfarbe in Hautfarbe bemalen und trocknen lassen. Die Mütze nach der Vorlage aus Filz anfertigen und dabei einen Aufhängefaden mit einkleben. Die Mütze auf die Wattekugel kleben. Bart und Mützenbesatz aus Watte anbringen. Aus rotem Seidenpapier eine kleine Kugel knüllen und als Nase ins Gesicht kleben. Die Augen mit Filz- und Lackstift aufmalen. Den Kopf auf den Wollball kleben.

Kugel

Die Kugel zum Beispiel mit gestanzten Sternchen und Glitter verzieren. Einen Aufhängefaden anknüpfen.

Nikolausstiefel

Material

- Leerer Getränkekarton, 1 l, mit quadratischer Grundfläche, 7 x 7 cm (z. B. von Milch)
- Zeitungspapier
- Angerührter Kleister
- Fingermalfarbe in Rot
- Watte
- Wollrest in Weiß
- 6 Knöpfe

1 Den oberen Teil des Getränkekartons so abschneiden (Erwachsener!), dass ein 20 cm hoher Behälter entsteht.

2 Das Zeitungspapier in kleine Stücke reißen, in Kleister tauchen und um den Getränkekarton kleben, bis die ganze Fläche bedeckt ist.

3 Mit Kleister an den Händen eine etwa 10 cm große Kugel formen, flach drücken und als Stiefelspitze an den Getränkekarton kleben. Mit Zeitungspapierstreifen überkleben, auch an der Unterseite, bis die Stiefelform stabil ist. Zwei Tage trocknen lassen.

4 Den Stiefel satt mit roter Fingermalfarbe dreimal deckend anstreichen und einen Tag trocknen lassen.

5 Mit der Klebepistole zwei weiße Wollfäden wie bei einem Schnürschuh über Kreuz am Stiefelschaft punktuell festkleben. An jeder Seite dreimal fixieren und oben mit einer Schleife zusammenbinden. Knöpfe über den Klebestellen anbringen und den Stiefelrand mit Watte dekorieren.

Tipp

Der Stiefel kann zum Nikolaustag mit Süßigkeiten gefüllt werden. Er eignet sich auch als Vase für Tannenzweige oder für Kirschzweige zum Barbaratag. Dann sollten unten ein paar Steine hineingelegt werden, damit er nicht umkippt.

Weihnachtswichtel

Material

- Tonkarton in Weiß, Hautfarbe, Orange, Rot, Grün
- Wollreste in Weiß, Orange, Braun
- Apfel, Orange, Zimtstangen
- Filzstifte in Orange, Rot, Grün, Schwarz
- Lackstift in Weiß
- Buntstift in Rot
- Nähgarn in Weiß
- Nähnadel

Vorlage E

1 Apfel und Orange in Scheiben schneiden und mehrere Tage in Heizungsnähe trocknen lassen.

2 Alle Motivteile vom Vorlagenbogen auf die entsprechenden Papiere übertragen und ausschneiden.

3 Braune Wolle als Haare zuschneiden und an die Köpfe kleben. Für die Wichtelmädchen die Wolle zu einem Zopf flechten oder seitlich zusammenbinden. Für den Wichteljungen kurze Fäden schneiden. Die Mützen aufkleben.

4 Die Gesichter gestalten. Für die Wangen mit einer Schere vom roten Buntstift Farbpartikel abschaben und mit der Fingerkuppe aufreiben. Mit einem weißem Lackstift Lichtpunkte auf die Augen setzen.

5 Die Köpfe auf die Hemdchen kleben, diese mit Stiften bemalen und mit Wollschleifen verzieren.

6 Apfel- und Orangenscheibe jeweils auf Nähgarn fädeln, Zimtstangen zusammenbinden. Mit der Nadel am unteren Rand des Wichtelhemdchens mittig ein Loch stechen, den Aufhängefaden einziehen und verknoten.

Tipp

Anstelle der getrockneten Früchte kann man auch aus Tonkarton geschnittene Sterne oder ausgeprickelte Eiskristalle (siehe Vorlage) unter die Wichtel hängen.

Schneemänner

Material

- Leere Trinkjogurtflaschen, 100 ml
- Leere Filmdosen in Schwarz
- Tonkarton in Orange, Schwarz
- Tonpapierreste in Gelb und in verschiedenen Farben
- Stoffreste
- Folien- oder Lackstift in Rot
- Locher
- Motivlocher „Stern"

Vorlage F

1 Die Trinkjogurtflaschen ausspülen, trocknen lassen und mit der Öffnung nach unten auf die Arbeitsfläche stellen.

2 Die Scheiben für die Hutkrempen aus schwarzem Tonkarton schneiden und mit der Klebepistole auf den Boden der Trinkflaschen kleben. Darauf die Filmdosen als Hüte anbringen und mit gestanzten Sternchen verzieren.

3 Die Nasen aus orangefarbenem Tonkarton schneiden und ankleben. Den Mund mit rotem Folienstift aufmalen. Mit dem Bürolocher Punkte aus schwarzem Tonkarton stanzen und als Augen fixieren.

4 Für die Schals 2 cm breite und 20 cm lange Streifen aus den Stoffresten zuschneiden oder reißen. Die Streifen unterhalb des Gesichts um die Flasche legen und fest verknoten. Die Enden des Schals kürzen und schräg abschneiden. Drei gelochte bunte Punkte als Knöpfe aufkleben.

Tipp

Die Schneemänner eignen sich mit Nummern versehen und in entsprechender Anzahl auch als Adventskalender. Die Geschenke können entweder in den Filmdöschen der Hüte oder in den Trinkflaschen untergebracht werden. Die Flaschenöffnung dann mit einer aufgeklebten Kartonscheibe verschließen.

Bilderketten

Material

- 4 Kuchentabletts, ca. 16 x 10 cm
- Tonkarton in Weiß
- Wolle in Rot
- Fingermalfarben in Gelb, Rot, Hellgrün, Dunkelgrün, Braun
- Deckfarben in Rot, Grün
- Borstenpinsel
- Wattestäbchen
- Spritzsieb
- Zeitungspapier zum Abdecken der Arbeitsfläche
- Klebefilm

1 Die Arbeitsfläche mit Zeitungspapier abdecken. Rechtecke von 10 x 6 cm aus weißem Tonkarton ausschneiden und auf die Kuchentabletts legen.

2 Mit einem Borstenpinsel rote Deckfarbe aufnehmen und über das Spritzsieb streichen, sodass die Farbe in feinen Tröpfchen auf das erste und zweite Kuchentablett spritzt.

3 Die anderen beiden Kuchentabletts auf gleiche Weise mit grüner Farbe bespritzen und trocknen lassen.

4 Die Tonkartonrechtecke abnehmen und lochen. Mit einem Motiv verziert, können sie als Geschenkanhänger verwendet werden (siehe unten).

5 Die weißen Flächen auf den Tabletts gestalten: Die Umrisse der Motive mit Bleistift leicht vorzeichnen. Ein Wattestäbchen in Fingerfarbe tauchen und das Motiv auftupfen. Für jede Farbe ein eigenes Wattestäbchen verwenden. Alles trocknen lassen.

6 Die Kuchentabletts umdrehen, auf der Arbeitsfläche aufreihen und mit Klebefilm Wollfäden als Aufhängefäden aufkleben. Die Fäden oben zu Schlaufen verknoten.

Weihnachtsbäumchen

Material

- Kiefernzapfen
- Mini-Jogurtbecher
- Schleifenband, z. B. mit Karos in Weiß-Rot
- Alufolienreste, z. B. von Schokolade
- Zeitungspapier
- Acrylfarben in Weiß, Grün
- Pinsel

1 Die Zapfen der Abbildung entsprechend bemalen: entweder vollständig in Grün oder nur die Schuppenspitzen in Weiß. Die Farben trocknen lassen.

2 Die Jogurtbecher mit geknülltem Zeitungspapier füllen und oben die Zapfen mit der Klebepistole aufkleben.

3 Aus der Alufolie Kügelchen formen und diese als Weihnachtskugeln auf die Zapfenspitzen kleben. Das Schleifenband um einen Becher binden.

Tipp

Diese kleinen Tannen können nicht nur als Tischdekoration verwendet werden, sie sehen mit einem Aufhängefaden versehen auch als Baumschmuck schön aus.

Schneemänner am Fenster

Material

- Tonkarton in Weiß
- Tonpapier in Orange, Rot, Hell- und Dunkelblau
- Filzstift in Schwarz
- Lackstift in Weiß
- Buntstifte in Rot, Grün, Hell- und Dunkelblau
- Stoffreste
- Nähgarn in Weiß
- Nähnadel
- Prickelnadel

Vorlage G

1 Die Schneemänner von den Vorlagen auf weißen Tonkarton übertragen. Die Konturen ausschneiden, die Innenausschnitte mit der Prickelnadel herauslösen.

2 Mütze, Hut, Nasen, Herz und Handschuh auf Tonpapier übertragen und ausschneiden, die Mützenquaste ausprickeln.

3 Alle Teile der Abbildung entsprechend mit Stiften verzieren und zusammenkleben.

4 Nähgarn am Handschuh und am Herz befestigen und die Motive in die Ausschnitte hängen.

5 Die Stoffreste in schmale Streifen reißen oder schneiden und als Schals um die Hälse der Schneemänner binden. Die Stoffenden punktuell festkleben.

6 Die Eiskristalle von der Vorlage auf weißen Tonkarton übertragen und ausprickeln.

Tipp

Die Vorlagen mit dem Fotokopierer verkleinern, dann können die Schneemänner auch als Geschenkanhänger verwendet werden.

Geschenk-Tüten

Material

- Butterbrottüten
- Tonkarton in Rot
- Tonpapierreste in Weiß, Hautfarbe
- Wolle in Weiß
- Knöpfe, z. B. in Weiß, Grün
- Filzstifte in Gelb, Rot, Grün, Schwarz
- Buntstift in Rot
- Lackstift in Weiß
- Locher
- Klebefilm

Vorlage H

1 Die Teile der Nikolausfigur nach der Vorlage aus Tonkarton bzw. Tonpapier ausschneiden.

2 Den Kopf auf die Arme kleben und oben Mütze und Besatz anbringen.

3 Für die Wangen mit einer Schere vom roten Buntstift Farbpartikel abschaben und mit der Fingerkuppe aufreiben. Einen Punkt aus rotem Tonpapier stanzen und als Nase aufkleben. Mund und Augen mit Filzstift aufmalen. Lichtpunkte mit dem Lackstift setzen. Den Bart aufkleben und die Enden nach vorn biegen.

4 Die Hände an die Rückseite der Ärmel kleben und die weißen Besätze darüber anbringen.

5 Die Tüte frei oder der Abbildung entsprechend bemalen und den Nikolaus oben am vorderen Rand ankleben.

6 Paket und Herz aus Tonkarton mit Punkten und Knöpfen verzieren und weiße Wollfäden für die Aufhängung befestigen. Die Wollschlaufen über die Arme legen und an der Rückseite mit Klebefilm fixieren.

7 Die Tüte füllen und den hinteren Rand mit Klebefilm am Nikolaus festkleben.

Tipp

Die Nikolaus-Tüte kann auch als Windlicht (siehe Seite 29) verwendet werden.

Material

- Butterbrottüten
- Schmale hohe Schraubgläser, z. B. von Babynahrung
- Filzstifte, z. B. in Gelb, Orange, Rot, Grün, Braun, Schwarz

Teelichter nie unbeaufsichtigt brennen lassen!

Windlicht-Tüten

1 Die Butterbrottüten frei oder der Abbildung entsprechend mit Mustern bemalen.

2 Die Tüten öffnen und jeweils den Boden flach drücken, das Glas mit Teelicht hineinstellen.

Engel

Abbildung & Materialangaben Seite 30/31

1 Köpfe, Ärmel und Hände nach den Vorlagen aus Tonkarton ausschneiden.

2 Für die Haare Wollfäden bündeln und in der Mitte mit einem Faden zusammenbinden. Die Haarmitte auf die Köpfe kleben und trocknen lassen. Die Frisuren ausarbeiten, z. B. Zöpfe flechten, Stränge abteilen und abbinden.

3 Die Gesichter bemalen. Für die Wangen mit einer Schere vom roten Buntstift Farbpartikel abschaben und mit der Fingerkuppe aufreiben. Augen aufmalen. Die Köpfe oben mit Klebeband oder Klebekissen auf die Flaschen kleben, bei einem Engel noch einen Kragen aus Tortenspitze anbringen.

4 Die Tortenspitze in der Mitte falten und beide Hälften deckungsgleich zusammenkleben. Für einen Flügel immer eine Rundung spitz zulaufend ausschneiden (in Form eines Kuchenstücks). Jedem Engel zwei Flügel ankleben.

5 Die Hände an die Ärmel kleben, diese mit Filzstiften bemalen und auf den Körpern fixieren. Alle Engel mit Stanzsternchen verzieren.

Engel

Material

- Shampoo- oder Duschmittelflaschen
- Tortenspitze
- Wolle in Gelb, Orange
- Tonkartonreste in Weiß, Hautfarbe, Hellblau
- Filzstifte in Orange, Rot, Hellblau, Schwarz
- Buntstift in Rot
- Lackstift in Weiß
- Motivlocher „Stern“
- Doppelseitiges Klebeband oder Klebekissen

Vorlage I

Anleitung Seite 28

Impressum

ISBN-13: 978-3-419-56818-7
ISBN-10: 3-419-56818-5

Lektorat und Produktion:
Elke Fox, Freiburg

Styling und Fotos:
Christoph Schmotz, Freiburg

Covergestaltung und Layoutentwurf:
Network!, München

Coverrealisierung:
smp, Freiburg

Druck:
Freiburger Graphische Betriebe

Verlag Herder GmbH
Christophorus-Verlag
Hermann-Herder-Str. 4
79104 Freiburg
Tel.: 0761/2717-0
Fax: 0761/2717-352
E-Mail:
info@christophorus-verlag.de
www.christophorus-verlag.de

Weitere Titel von Laura Blücher

ISDN-13: 978-3-419-56589-6
ISDN-10: 3-419-56589-5

ISDN-13: 978-3-419-56657-2
ISDN-10: 3-419-56657-3

ISDN-13: 978-3-419-56708-1
ISDN-10: 3-419-56708-1

ISDN-13: 978-3-419-56766-1
ISDN-10: 3-419-56766-9

Kreativ-Service

Sie haben Fragen zu den Büchern und Materialien? Frau Erika Noll ist für Sie da und berät Sie rund um die Themen Basteln und kreatives Hobby. Rufen Sie an! Wir interessieren uns auch für Ihre eigenen Ideen und Anregungen. Schreiben Sie an Frau Noll oder direkt an den Verlag, wir hören gern von Ihnen! Per E-Mail: **mail@kreativ-service.info** oder Tel. **+49 (0) 7150/302777** | Mo. – Do.: 9.00 – 16.00 Uhr / Fr.: 9.00 – 13.00 Uhr